„Das Wort, das aus der Seele kommt,
das setzt sich ganz bestimmt ins Herz."

< Rumi >

Jens Zurmühlen

Worte des Herzens

© 2017 Jens Zurmühlen (Autor)

Umschlag, Illustration: Jens Zurmühlen

Lektorat, Korrektorat: Jens Zurmühlen

Verlag: tredition GmbH, Hamburg

ISBN

Paperback   978-3-7439-6420-4

Hardcover   978-3-7439-6421-1

e-Book   978-3-7439-6422-8

Printed in Germany

Das Werk, einschließlich seiner Teile, ist urheberrechtlich geschützt. Jede Verwertung ist ohne Zustimmung des Verlages und des Autors unzulässig. Dies gilt insbesondere für die elektronische oder sonstige Vervielfältigung, Übersetzung, Verbreitung und öffentliche Zugänglichmachung.

INHALTSVERZEICHNIS

Über mich 7
Manchmal 11
Feuer im Kamin 13
Erwachen 15
Garten der Liebe 17
Still sein 21
Der weise Baum 23
Ein Engel für Dich 25
Freundschaft 27
Mein Kind 29
Vertrauen & Glauben 31
Der Musiker 33
Wind des Wandels 35
Was ist Vertrauen? 39
Freiheit der Liebe 41
Phoenix 43
Lerne und Verstehe 45
Einsamkeit 46
Unendlichkeit 49
Strom des Lebens 53
Abendstille 55
Sternenstaub 57

Wenn ich träume	59
Der weise Mann Brasiliens	61
Grenzenlos	63
Kind des Lichtes	65
Meine Hoffnung, meine Liebe, mein Freund	67
Die Menschen	69
Erinnerungen an Dich	71
Wie oft	75
Die Liebe	77
Berg des Lebens	79
Der Adler	81
Jemals	85
Samenkorn	87
Blätterflug	91
Danke	93

Über mich

Liebe Leserin, lieber Leser,

ich freue mich sehr, dass Du meine Zeilen in Deinen Händen hältst. Da allem ja eine Ursache zugrunde liegt, möchte ich mich gern ein wenig vorstellen und Dir meine Geschichte zur Entstehung meines Buches erzählen.

Ich wurde im März 1968 im Tierkreiszeichen Fische (Aszendent Zwillinge) geboren. Soweit ich mich zurückerinnern kann, empfand ich das Leben als sehr anstrengend. Sehr viel Nachdenklichkeit und eine Form von Schwere waren ständig präsent. Eine Erklärung dafür hatte ich nicht und versuchte mich so gut es ging in dieser Welt zurechtzufinden. Es gelang mir mal besser, doch im Laufe der Jahre eher schlechter.

Um mein viertes Lebensjahrzehnt geriet dann vieles komplett aus den Fugen. Das Leben zwang mich auf den Boden und an einen Punkt der Entscheidung „leben zu wollen oder nicht".

Ich entschied mich glücklicherweise für das Leben und so fand ich 2013 den Weg in spirituelle Themengebiete, die mir bisher neu waren und außerhalb dessen lagen, was in unseren Zeitungen oder im Fernsehen zu finden war. Vieles verstand ich nicht, manches blieb für eine Zeit, manches ging sehr schnell und einiges begleitet mich weiterhin. Nur war mir schon immer klar, dass es mehr auf der Welt geben muss, als wir Menschen uns mit dem Verstand erklären können.

Die Weihnachtszeit 2014 erlebte ich erstmalig in meinem Leben ganz allein. Das war eine sehr große, innere Herausforderung für mich. In dieser Zeit beschäftigte ich mich sehr intensiv mit den Lehren von Jesus und seinem Leben, las Bücher, schaute mir Videos auf „YouTube" an und weinte viel.

Am ersten Weihnachtstag des Jahres 2014 hatte ich ein Erlebnis, dass ich mir nicht erklären konnte, so sehr ich auch danach suchte. Und doch erlebte ich an diesem Tag erstmalig eine tiefe Verbundenheit mit dem

Leben, inneren Frieden und strahlendes Weiß um mich herum. Unmittelbar danach fing ich plötzlich an diese Art von Worten aufzuschreiben. Obwohl ich immer wusste, dass ich mit Worten gut umgehen konnte, fühlte sich diese neue Form doch zunächst sehr fremd an. Dennoch ließ ich in den kommenden Monaten alles aus mir heraus und brachte es zu Papier.

Diese Texte hältst Du nun in Deinen Händen. Manches davon wird Dich möglicherweise berühren, manches wirst Du nicht nachvollziehen können, vielleicht steigen in Dir aber auch eigene Bilder Deines Lebens auf, eigene Sehnsüchte, Ängste oder Hoffnungen. Achte einfach auf Deinen ersten Impuls. Dieser erste, zarte und so leise Impuls aus dem Inneren, bevor der Verstand anfängt zu arbeiten, ist unsere eigentliche, menschliche Wahrheit.

Ich würde mich sehr freuen, wenn Du mich wissen lässt, wie Dir meine Texte gefallen haben. Ich beantworte jede Email sehr gern.

blaetterflug@web.de

Für Dein Leben wünsche ich Dir nun von Herzen alles Gute. Genieß es in vollen Zügen. Sei geduldig und liebevoll mit Dir selbst und vergiss nie das alles, was um Dich geschieht, ganz sicher zur rechten Zeit passiert und es keinen Zufall gibt. Alles lehrt uns Menschen. Jeder Moment, jede Sekunde, jede Begegnung. Freu Dich über jeden neuen Tag, an dem Du das Leben begrüßen darfst.

Alles Liebe wünscht Dir

Manchmal

Manchmal spüre ich den Wind um die Nase und ich weiß,
dass er mir eine frische Brise schenkt, um meine Gedanken in andere Bahnen zu lenken.

Manchmal spüre ich die Sonne in meinem Gesicht und ich weiß,
dass sie mir die Wärme schenken will, die ich in diesem Moment brauche.

Manchmal scheint der Mond durch den wolkenverhangenen Abendhimmel und ich weiß,
dass er mir das Licht schenkt, das in der Dunkelheit meinen Weg begleiten soll.

Manchmal spüre ich die Erde beben und ich weiß,
dass meine Beine nicht auf einem festen Fundament stehen, sondern ich umkehren soll auf festeren Boden.

Manchmal…spüre ich mein Herz und weiß, es leitet mich liebevoll an Orte, die mich in den Himmel tragen und mir ein tiefes Gefühl des Friedens schenken.

Manchmal…spüre ich Dich und weiß wohin mein Herz mich führt.

Und wenn der Weg noch so anstrengend sein mag und ich das Ende nicht kenne, ich gehe ihn trotzdem im Vertrauen auf die Führung meines Herzens.

Feuer im Kamin

Kalt ist es, die Natur hält ihren Winterschlaf.
Bizarr glitzern die Eiszapfen an vom Schnee bedeckten Ästen der Bäume.

Wie schön im Warmen zu sitzen und dem Spiel der Flammen im Kamin zuzuschauen.

Wohlige Wärme durchströmt meinen Körper, der sie begierig aufsaugt und liebevoll verteilt. Es ist die Wärme von außen, die mich erreicht und doch…ist die Quelle der Wärme bereits ohne Kaminfeuer tief in uns.

Oftmals eingeschlossen, verbannt, verscheucht und in einem Käfig aus Kühle weggesperrt…unser Herz.

Es schreit danach auszubrechen und sich endlich entfalten zu können, sein angestammtes Erbe antreten zu dürfen. Zu erstrahlen in Wärme und Liebe in jeder Zelle und Faser unseres Körpers und…hinaus in die Welt.

Lassen wir es doch frei…unser Herz. Finden wir den Schlüssel tief in uns, der den Käfig aufsperrt und den Weg freimacht.

Für uns selbst und alles um uns. Hin zu einer besseren Welt, in Liebe und Wärme, gleich dem Kamin, der vor mir seine Wärme abgibt.

Erwachen

Geboren nur in Liebe und ohne Anhaftungen der Welt.
Geschlüpft aus dem liebevollen Bauch der Mutter.

Vom ersten Atemzug an der hiesigen Welt ausgesetzt schreist Du laut, denn du spürst die Kälte, die Dich plötzlich umgibt.

Von nun an beginnen Deine Aufgaben, von nun an bist Du hier um Leben zu lernen, Erfahrungen zu machen und voranzugehen, hin zu Deinem Erwachen.

Was bist Du? Wer bist Du?

Ein göttliches Wesen des Lichts, in Liebe eingehüllt und voller Frieden. Erinnerst Du Dich?

So schnell vergisst Du wer Du bist? So schnell hat Dich die Kühle der Welt fest im Klammergriff?

Erinnere Dich, tauche ein in Dich selbst, erspüre Deinen liebevollen Kern. Erspüre das Licht, das Dich umgibt.

Dein freier Wille ist es, der Dich zögern lässt zu glauben und Dich zu erinnern.

Doch ist es nicht zu spät, nie ist es zu spät. In Dir selbst findest Du alle Antworten auf Deine Fragen und…Du findest die Erinnerung an das was Du bist. Liebevoll, göttlich, einzigartig.

Erinnere Dich und erstrahle in neuem Glanz.
Lass die Welt teilhaben an Deinem Licht und Deiner Liebe.
Dann erhältst Du den Lohn für Deine Mühen.

Den Frieden in Dir.

Garten der Liebe

„Bewahre die Liebe in Deinem Herzen. Ohne sie ist das Leben wie ein Garten ohne Sommer, aus dem die Blumen verschwunden sind."
< Oscar Wilde >

Vor vielen Jahren fand ein Samenkorn seinen Weg in einen Garten und fiel in die Erde. Die Erde war weich und sehr nährstoffreich.

Der Samen keimte schnell, Wärme der Sonne und ausreichend Wasser ließen ihn binnen kurzer Zeit zu einem großen Blumenmeer wachsen. Die Blumen erstrahlten und gemeinsam mit der Erde entstand ein wunderschöner Garten der Liebe.

Viele Jahre waren Erde und Blumen untrennbar miteinander verbunden und der Himmel erfreute sich an so viel Schönheit.

Aber die Pflege ließ nach und die Sonne verdunkelte sich. Ohne Sonne und ohne Pflege waren Blume und Erde ganz auf sich allein gestellt. So wurde die Erde „sauer" und die Blumen verloren ihr zauberhaftes Antlitz.

Doch Blumen und Erde gaben in all den Jahren nicht auf und wehrten sich gegen ihr Schicksal. Manchmal gab es Dünger, der dafür sorgte, dass für kurze Zeit erneut ein Garten der Liebe entstand.

Doch ähnlich dem Blumenmeer in der Wüste, nach kurzer Regenzeit, reichte der Dünger nicht aus, um den Garten ewiglich in seiner Schönheit zu belassen.

Der Himmel schaute sich das Geschehen an und die Engel weinten. Ihre Tränen ergossen sich immer stärker auf die noch immer saure Erde und verblassten Blumen. Es waren Tränen der Liebe, die der Himmel schickt für einen Ort, der auserwählt ist im Glanz, Licht und der Liebe zu gedeihen.

Langsam erholte sich der Garten. Die Erde wirft den alten Boden ab und die Blumen sammeln Kraft, um erneut ihre Blüten erstrahlen zu lassen.

Blumen und Erde sind verbunden und das eine kann nicht ohne das andere existieren.

So arbeiten die Engel weiter am „Garten der Liebe", damit die Erde rein und nährstoffreich ist und die Blumen stark und schön bleiben.

Sei der Gärtner Deines Gartens, dem „Garten der Liebe".

Still sein

Laut ist die Welt...unablässig hämmert der Lärm des Lebens auf uns ein. Schmerz breitet sich aus in jeder Zelle unseres Körpers und unserer Gedanken.

Sieh hin...spüre in Dich und fühle die Hektik der Welt, den Schmerz, der Dir jedes Gefühl der Stille nimmt.

Willst Du das wirklich?

Du kannst es ändern, in jeder Minute kannst Du verändern - Dich und dass was Dich umgibt.

Nimm dich heraus aus der hektischen Welt, reise fort und reise nicht weit. Nur ein kurzer Moment, ein kleiner Schritt, ein Wimpernschlag nur bist Du entfernt...vom Ort der Stille.

Er ist in Dir...nur in Dir. Dort ist der Platz, die Bank die Dir den Frieden schenkt in dieser Zeit. Spüre in Dich hinein, unternehme eine Reise zu Dir. Dort bist Du sicher, dort bist Du rein.

Es ist der Platz an dem Deine Reise begann, es ist der Ort Deiner Seele, Deines Seins. Sprich mit Dir...lausche den Antworten die Du erhältst.

Zögere nicht, denn zu spät ist es nie. Deine Seele wartet auf Dich, jeden Moment, jede Sekunde. Sie wünscht sich so sehr ein Gespräch mit Dir.

Schenke es Dir, das Gespräch, die Antworten...

Die Stille in Dir.

Der weise Baum

Frühlingserwachen, hell und klar öffnet sich der Wald vor meinen Augen.
Die Sonne wirft ihren Strahl aus Wärme und Licht auf ihn…den Baum.

Still liegt er vor mir, gefällt durch des Menschen Hand. Warum?
Was war der Grund diese mächtige Schöpfung der Natur zu Fall zu bringen?

Traurigkeit steigt in mir auf und ich erinnere mich zurück an die Zeit als er groß, schön und weise vor mir stand.
Die Jahresringe verraten sein Alter. Mehr als zwei Menschenleben war er fest verwurzelt mit ihr…Mutter Erde.

Seine Zweige waren zart, doch sein Stamm war stark und mächtig.
Ausladend spendete er Pflanzen und Tierwelt Schatten und Schutz.
Nie sprach er, nie bewegte er sich. Es war sein angestammter Platz und seine Aura nahm alles wahr, was um ihn geschah.

Jede Begegnung, jedes Ereignis und gesprochene Wort sog er in sich auf, vervollständigte die Botschaft mit seiner Weisheit und legte es ab an einen sicheren Ort. Seinen Jahresringen.

Nun liegt er vor mir, der mächtige, weise Koloss und Tränen sammeln sich in meinen Augen. Uraltes Wissen, gefällt und unwiederbringlich vernichtet durch des Menschen Werk.

Ein lebendiges Wesen…der Baum.

Erinnere Dich an den Baum, sein Leben, sein Wissen und Weisheit, bevor Du Hand anlegst an ihn.

Habe Respekt vor allem Lebenden…vor allem Sein.
DU…bist ein Teil davon, ein Teil der göttlichen Welt.

Erinnere Dich daran.

Ein Engel für Dich

Traurig stehst Du vor mir, ein Wasserfall der Tränen ergießt sich stetig auf die Erde.
Verzweifelt und ausgelaugt, gekennzeichnet von Deinen Kämpfen bist Du mutlos und müde.

Wo ist Deine Hoffnung? Wo ist Deine Kraft?

„Ich bin da", spricht der Engel der Liebe.
„Aber Du nimmst mich nicht wahr. Vom ersten Atemzug an war ich ganz nah bei Dir…doch Du spürtest mich nicht.

Meine Liebe möchte ich Dir schenken, Dich wohlig mit meinen Flügeln einhüllen, Dich wiegen in Zärtlichkeit und Wärme…aber du lehnst mich ab.

Irgendwann…siehst Du mich…spürst Du mich und lässt mein Licht zu.

Wenn Du mich rufst, so bin ich bei Dir.
Wenn Du mich brauchst, so führe ich Dich sanft aus dem Dunkel empor.
Wenn Du mich spürst, so spürst Du die Liebe.
Wenn Du mich lässt, so schenke ich Dir den Himmel auf Erden.

Sprich mit mir, Du Menschenkind, rufe nach mir in der Stille, vertraue Dich mir an.

Und ich werde da sein, bei Dir und Dein Herz erfüllen mit Licht.
Dann Erdenkind bist Du frei, geschützt und wohl behütet.

Ich liebe Dich."

Freundschaft

Ich möchte Dein Freund sein…alle Tage.

Bei Dir sein, in Deinem Herz.
Dein Ratgeber sein, der Dir Trost spendet in Stunden der Dunkelheit.
Der Dir das Licht schenkt, das Dich leitet und führt…
…ein Freund des Lichtes.

Ich bin die gute Stimme die Dir zuflüstert: „Du bist so wertvoll für mich, sei stolz darauf wer Du bist und wie Du bist, sei DU mein liebenswerter Freund."

Ich bin der Anker für Dein Schiff, wenn die See rau wird und die Stürme brausen. Dann werfe ihn aus…mich Deinen Anker…mich Deinen Freund und ich halte Dich auf Kurs gegen alle Stürme und brausenden Wogen des Meeres.

Ich bin Dein Mantel der Liebe, der Dich wohlig umhüllt, wenn Dein Blick sich nicht vom Boden löst.
Dann kannst Du Dich fallenlassen in meinen Mantel und Dich wohlfühlen bei mir…Deinem Freund.

Und wenn Du aufrecht stehst und wieder lächelst, so kommt der Ruf einmal von mir…zu Dir.
Dann bitte ich Dich an meine Seite, wenn meine Wege schwer werden und ich Deinen Rat brauche.
Dann weiß ich Du bist bei mir…alle Tage mein Freund.

Unsere Herzen sind eins, sie schlagen im Gleichklang der Lebensmusik, sie schlagen füreinander in allen Zeiten.

Dann spüre ich auch Dich mein Freund und ich weiß:

Ich liebe Dich.

Mein Kind

Stille kehrt ein, der Tag legt sich zur Ruhe.
Ich schaue Dich an, friedlich und wohlig warm liegst Du neben mir.
Dein Atem geht ruhig und gleichmäßig, liebevoll betrachte ich Dich und bin verzaubert.

Wie schön Du bist, wie rein Du bist...mein liebes Kind.

Erinnerungen werden wach, Dein erster Atemzug hier auf Mutter Erde, als wäre es gestern gewesen. Deine kleine Hand, die dort nach meinem Finger griff und ihn fest umklammerte.

Der Moment, wo mein Herz Dich aufnahm und liebevoll umhüllte mit meiner Wärme und Vertrauen.
Der Moment des Friedens, der Moment der innigen Liebe...zu Dir...mein Kind.

Der Tag an dem ich mein Versprechen gab...vor Gott und im tiefen Glauben Dich zu beschützen, Dir Kraft zu geben und Dir mein Herz zu schenken.

Ich erinnere mich und Tränen der Rührung rinnen an meinen Wangen hinab, wenn ich Dich betrachte.
Zart und rein liegst Du vor mir. Ich streichle Deine Wangen, ganz vorsichtig berühre ich Dich...mein Kind...meine Liebe.

Nichts trennt uns, verbunden sind die Herzen, verbunden unsere Seelen.

Und kommen Zeiten der Dunkelheit, so bin ich Dein Licht und leite Dich sanft auf Deinem Weg.
Kein Leid wird Dir geschehen, Du bist beschützt, Du bist geliebt...mein Kind.

Zärtlich küsse ich Deine Stirn und mein Herz antwortet aus der Tiefe.

Ich liebe Dich und bin dankbar für jeden Augenblick mit Dir.

Mein Kind

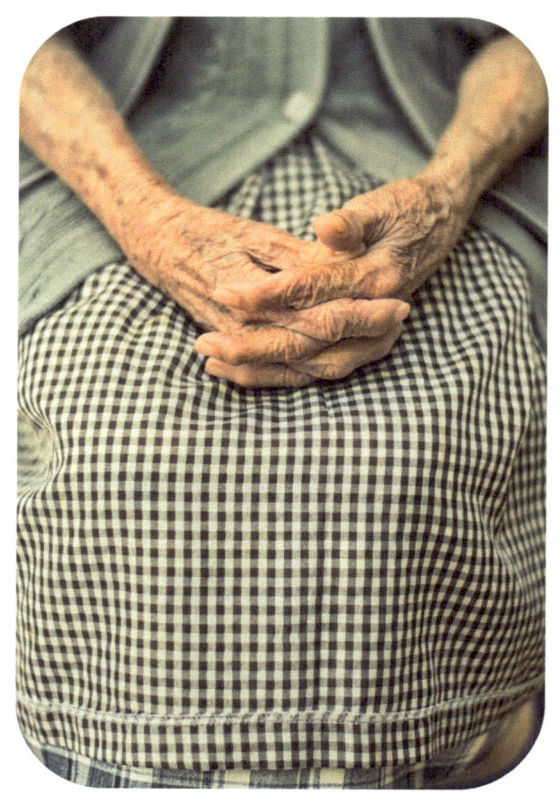

Vertrauen & Glauben

Kampf ist Dein Begleiter, jeden Tag, jeden Augenblick Deines Lebens.
Er zehrt an Dir. Er raubt Dir jede Kraft. Er führt Dich in die Dunkelheit.
Warum tust Du das?

Du hast vergessen…alles hast Du vergessen.
Wer Du bist, wo Dein Ursprung liegt, wo Deine Seele wohnt.
So kämpfst Du immerfort.

Menschenkind, halte inne. Erinnere Dich an Dein wahres Sein.
Du bist ein Kind des Lichtes. Alles ist gut an Dir und mit Dir.
Geliebt wirst Du in allen Zeiten. Beschützt bist Du seit Ewigkeiten.

Sei Dir gewiss, Du Kind des Lichtes, in Dir selbst ist kein Zweifel.
Da ist kein Kampf. Der Friede und die Liebe sind Dein angestammtes
Erbe. Halte inne und forsche danach.
Suche den Kern Deines Seins.

Du bist beschützt und geführt von liebevollen Kräften.
Nimm sie wahr. Sie rufen nach Dir…und lausche ihren Botschaften.

Nicht viel musst Du tun. Nur glauben an Dich und vertrauen in die
Schöpfung des Lebens.

Geführt wirst Du bei jedem Schritt. Nimm es an und zweifle nicht.
Alles ist gut in Dir und um Dich.

Vertrauen und Glauben sind die einzigen Schritte, die Du gehen musst.

Du lieber Mensch.

Der Musiker

Dort sitzt er…der Musiker.
Die Augen verschlossen, eingetaucht in die Welt der Töne, einem Reich der Sinne.

Ein einfacher Stuhl, nur er und seine Gitarre.

So wohlig warm wird es mir. Ich…dessen Ohren nun lauschen, dessen Herz nun fühlen darf. In diesem Moment.

Seine Sanftheit berührt meine Seele, all seine Liebe fließt in die Saiten seiner Gitarre.

Jeder Ton schwingt sich auf in den Raum und zu uns Menschen, die wir dort vor ihm sitzen.

Ich spüre die Klänge, ich fühle die Botschaft aus der Welt der Töne.
Leise und zart flüstern sie zu mir.
Tränen sammeln sich in meinen Augen und ich bin dankbar…für diesen Moment.

Ein Musiker des Himmels, ein Botschafter der Liebe, hier auf Mutter Erde.

„Du lieber Musiker,
hab Dank für Dein Geschenk.
Hab Dank für Deine Zeit, jeden Ton und jedes Wort an diesem Abend.
Nun schwing Dich auf zu neuen Ufern, neuen Orten und schenke der Welt Deine Botschaft:

Die Musik der Liebe."

Wind des Wandels

Wenn der Wind des Wandels weht, wird es Zeit für Dich.
Zeit die Nase zu recken, dem Wind entgegen, der frischen Brise.

Der Wind ist das Zeichen des Aufbruches, Zeit zu erkennen, dass die Dinge sich ändern wollen.
Er reinigt Deine Gedanken, er reinigt Dein Herz.
Erspüre ihn und lausche seinen Klängen.

Es ist Zeit loszugehen. Zeit für eine neue Richtung.
Er ist das Zeichen der Veränderung.
Lehne ihn nicht ab, nimm ihn in Dankbarkeit an und…habe keine Angst.

Der Wind des Wandels schickt Dir neue Kraft, neue Gedanken, neue Hoffnung.
Er steht für das Gute in der Welt. Stürmisch mag er Dir vorkommen.
Fast erdrückend zwingt er Dich aufrecht stehen zu bleiben und seiner Kraft zu strotzen.

Der Wind weiß um seine Kräfte, aber er weiß auch um die Deinen.
So bleib aufrecht stehen, schließe Deine Augen, öffne Dein Herz und nimm seine Botschaften an:

„Du liebevolle Seele,
Erkenne, dass Dein Weg hier zu Ende ist. Es ist Zeit die Richtung zu ändern.
Erkenne, dass Deine Gedanken gefangen sind in Ängsten und Misstrauen.
Ich, Dein Wind, trage es fort von Dir. Es ist nicht Teil von Dir.
Die frische Brise schenke ich Dir, das Gute schicke ich Dir mit meiner stürmischen Kraft.

Wenig musst Du tun, bleibe aufrecht stehen und nimm mein Geschenk entgegen.
Dann Mensch erkennst Du wieder Dich selbst und die Welt, von der Du

ein Teil bist. Einzigartig, voller Vertrauen zu Dir und frei von allem Dunklen, das Dich am Boden hält.

Lass mich zu, sperre mich nicht weg, schütze Dich nicht vor mir mein Kind.

Vertraue mir…Deinem Wind, denn für Dich wurde ich geschickt.

Ich…der Wind des Wandels."

Was ist Vertrauen?

Du sagst Du vertraust. Frage Dich: Tust Du es wirklich?
Stell Dir die Frage nach der Bedeutung von Vertrauen.
Stellst Du sie Dir?

Vertrauen heißt, angstfrei zu sein. Bist Du ohne Ängste?
Vertrauen heißt, sich fallen lassen...ohne Netz, kein doppelter Boden, der Dich auffängt. Es heißt, dem anderen die Hand zu reichen und zu wissen und spüren, er hält Dich fest.

Vertrauen heißt, die Verantwortung abzugeben...in diesem Moment.
Sie jemand anderem zu geben und zu wissen, da ist alles gut aufgehoben.
Ich bin ohne Angst.

Bist Du ohne Angst?

Vertrauen ist wie ein Schiff auf offener See.
Dem Sturm ausgesetzt, der unermüdlich das Schiff ins Wanken bringt.
In diesem Moment ist Vertrauen der Anker, er hält das Schiff auf Kurs, allen wütenden Angriffen des Meeres zum Trotz.
Das Vertrauen bringt Dein Schiff in ruhige Fahrwasser...wenn Du vertraust.

Vertrauen heißt loslassen von jeder Kette, die Dich umgibt.
Die Kette ist die Angst, die Dich im Griff behält.

Vertrauen heißt Du selbst zu sein...ohne Angst in das was kommt, ohne Zweifel, der an Dir nagt.

Vertrauen ist ein Teil der Liebe in uns, untrennbar miteinander verbunden, die Einheit, das Fundament des Lebens.

Ich wünsche Dir Vertrauen, bei jedem Schritt, den Du unternimmst, bei jeder Entscheidung, die Du triffst.

Wenn Dein Herz das erspürt, dann kannst Du sagen:

Ich vertraue.

Freiheit der Liebe

Du bist im Kampf, jeden Tag, jede Minute Deines Daseins.
Höre auf Mensch! Kampf ist nicht Dein Weg, Frieden ist es.
Du willst besitzen, erzwingen, Du…willst haben.

Doch Du irrst. Nichts kannst Du erzwingen und Du belügst Dich selbst in dieser Welt.

Freiheit ist ein großes Wort. Bist Du frei?
Frage Dich was die Freiheit ist.

Sie kann grenzenlos sein, reisen zu allen Orten der Welt.
Sie kann freudig stimmen, alles tun was Du willst.
Sie gibt Dir das Gefühl der Macht…über Dein Leben.

Ist das Freiheit?

Freiheit des Herzens ist anders…aber Du verstehst sie noch nicht.

Freiheit des Herzens ist nur eines: Liebe zu allem und zu jedem.
Liebe frei, lass sie los, sie findet ihren Weg zu Dir.
Sie schwingt sich auf zu den Sternen und in die Unendlichkeit.
Sie macht sich auf in die Welt, wenn sie frei ist, wenn sie fließen kann.
Ohne Angst und ohne Macht. Freie, grenzenlose Liebe.

Engst Du sie ein, willst Du sie halten…so ist sie vergangen.
Sie sucht den Weg neu…in Freiheit…in der Schwingung freier Herzen, die ohne Angst sind.

Lege sie ab die Ketten, die Dich halten und lasse sie frei.

Die Liebe…in Freiheit.

Phoenix

Träume, Sehnsüchte und Wünsche…sie wandern in die sternenklare Nacht.
Dort finden sie ihren Weg, dort finden sie ihr Ziel.
So auch in mir, so aus mir, in dieser meiner Nacht.
Steigen wollen sie, fliegen hinaus in die Welt.

In die Unendlichkeit entlassen, den Sternen nahe.
Mein Phoenix trägt sie fort und bringt sie an ihr Ziel.

Ich schaue ihm nach und bin glücklich.
Tränen begleiten ihn…den stolzen Vogel des Himmels.

„Mein Phoenix höre mir zu,

sei achtsam mit Deiner wertvollen Fracht.
Halte sie fest und sei stark in Dir.
Lass sie nicht fallen und sei behutsam bei Deinem Flug.
Denn das, mein Phoenix, ist des Herzens Inhalt. Die Wahrheit meines Lebens.
So mach Dich auf, fliege davon und bringe sie auf den Weg.
Dass sie ihr Ziel findet, begleitet mit der Liebe meines Herzens.

Mein Phoenix, ich danke Dir.

Lerne und Verstehe

Mit Deinem ersten Atemzug auf dieser Erde beginnt Dein hiesiges Leben. Erneut bist Du angekommen, bereit für neue Taten, neue Herausforderungen, neues Leben.

Du erinnerst Dich nicht an das was war. Ausgelöscht in Deinem Bewusstsein und doch…mehr bist Du als Erinnerung.

In Dir wohnt das Licht…die Liebe…Deine unauslöschliche Seele, die Dich trägt und leitet.

Es war Deine eigene Entscheidung, die Entscheidung Deiner Seele erneut den Weg zu gehen auf diese Welt.
Sie strebt nach mehr als Du fassen kannst. Sie…strebt nach dem Licht, der Erkenntnis, der „göttlichen Liebe".

Noch begreifst Du es nicht, noch fühlst Du es nicht. Du siehst die Welt als Abenteuer, nimmst alles häufig wahr als Kummer und Leid.
Noch verstehst Du nicht die Botschaften, die Aufgaben, die vor Dir liegen.
Der Schmerz führt Dich zur Erkenntnis, zur Suche nach Dir selbst.

Sei bereit für den Weg, sei bereit für die Aufgaben und zweifle nicht an deren Wichtigkeit.

Sei wie ein Schüler…fragend, suchend, erkennend, verstehend.
Sei Deiner bewusst und sei dankbar für die Führung, die Dir zuteilwird.
Die Führung großer Wesen des Lichtes.

Sie leiten Dich, wenn Du den Weg nicht erkennst.
Sie helfen Dir, wenn Du in der Dunkelheit stehst.
Sie geben Dir Rat, wenn Du sie fragst und Ihnen lauschst.
Sie lieben Dich und nehmen Dich behutsam an die Hand.

Lerne und verstehe…das Leben, die Aufgaben…Dein Sein.

Einsamkeit

In die Einsamkeit gegangen, in der Einsamkeit verfangen.

Unfähig…so scheint mir…in diesem Augenblick.

Des Denkens überdrüssig, des Fühlens überschüssig.

Zu laut die Welt, zu ungestüm und rastlos. Hetzend nach dem nächsten Ziel.
Dem nächsten Moment, der alles aufklären mag. So glaubst Du.

Unruhig der Geist, ruhelos beschäftigt. Gefangen im Strom der Gedanken.

Eine Welt, manchmal so fremd für uns und weit entfernt.

Befrei Dich aus der Gefangenschaft, dem Denken.

„Sie" werden Dich jagen dafür, „Sie" werden Dich knechten.
Doch höre die Stimme des Himmels, die in Dir ruht.

Unwirklich geschäftig, unwissentlich beschäftigt…der Geist.
Mit Dingen ohne Nutz für diese Welt. Weit weg von der Quelle des Lebens.

Sei still, zieh Dich zurück und Ruhe kehrt ein.
Die Ruhe des Himmels.

Die Augen verschlossen und leise in Dir.

Dem Höchsten nahe, der Quelle des Lebens, im Schoße der Liebe.

Gott selbst.

Unendlichkeit

Früh beginnt Dein Tag und Du schaust in den Himmel.
Noch strahlt der Mond am sternenklaren Firmament und bedeckt die Welt mit seinem weichen, sanften Licht.

Lasse deine Augen ihren Weg suchen, fühl dein Herz in diesem Moment.
Unfassbar mag er Dir vorkommen…diese Weite des Raumes.
Du fragst Dich nach dem Anfang. Du fragst Dich nach dem Ende dieser Welt, des Himmels, des Universums.

Dein Verstand kann es nicht greifen und nicht verstehen.

Das was Du wahrnimmst, ist das was Du bist…in der Tiefe Deines Herzens.

Ein Teil dieser Unendlichkeit, ein Teil der Weite und Unfassbarkeit des Seins.
Nur ein Wimpernschlag des Lebens in diesem Körper auf dieser Welt, viel mehr von Dir ist Teil dessen was deine Augen nicht erblicken, Dein Herz jedoch spürt…die Unendlichkeit.

Raum und Zeit…
ein Gedankenspiel der Menschheit, um Leben greifbar zu machen, zu kontrollieren und verstehen zu wollen.

Wenn Dein Herz spricht und Du seinen Botschaften lauschst, so fühlst Du die Ruhe, den Frieden und die Liebe in Dir.
Hier ist kein Platz für Raum und Zeit, hier erspürst Du die Unendlichkeit.
Nur wenig lässt Du auf Erden zurück.
Das was Du bist, der Kern Deines Seins, er verbleibt in der Unendlichkeit.

So schaue in den Himmel und in die Weite des Raumes.
Versuche nicht zu verstehen wo Anfang, wo Ende ist.
Versuche nicht nach Grenzen zu suchen, nicht in der Welt und nicht in Dir.

Grenzenlos ist die Unendlichkeit, unbegreiflich für den Verstand, der sich doch so sehr Grenzen herbeisehnt.

Schaue in den Himmel, sei dankbar für Dein Leben und lass die Grenzen nicht zu.

Dann erspürst Du den Frieden, die Liebe und das Vertrauen in jedem Schritt, den Du gehst.
Du erspürst die Heimat, Deinen wahren Platz.

Die Unendlichkeit.

Strom des Lebens

Wasser...Urquell allen Lebens, Elixier der Welt.
Stetig fließt es dahin und ruht kaum.
Immerfort im Schwingen der Natur, ein zauberhafter Anblick.

Leben ist wie der Fluss, der Strom...stetig in Bewegung, immer im Rhythmus des Daseins.

Es fließt dahin. Auf seinem Weg sammelt es Schätze, die vor ihm liegen, es sammelt Erfahrungen, es stößt an Grenzen und windet sich weiter.

Der Strom kennt keine Grenzen, kein Hindernis wird ihn zurückhalten.

So wie das Leben selbst...nichts hält es auf.
Nur für einen Moment glauben wir an Stillstand...doch niemals steht das Leben still.

Das Leben ist geboren aus dem Quell der Ewigkeit, entstanden aus einem einzigen lichterfüllten Funken, ähnlich dem Tropfen, der sich mit der Zeit zu einem machtvollen Strom entwickelt, sich seinen Weg bahnend, jedem Hindernis strotzend, jeder noch so schwierigen Biegung standhaltend.

Sei wie der Strom, sei kraftvoll und vertraue deiner Fließkraft.
Nimm die Bewegung des Lebens an, in Dankbarkeit für die Hindernisse.
Denn gerade diese Grenzen gilt es zu durchbrechen.
Sie lehren Dich und führen Dich immer weiter an Dein eigenes Sein.
Sie führen dich an Dein Ziel, dem großen Meer der ewigen Weisheit.

Sei der Strom und gib Dich dem Leben im Vertrauen auf seine Fließkraft hin.

Abendstille

Lausche den Klängen der Abendmusik, tauche ab aus dem Tag, der lauten Welt um Dich.

Höre das Singen der Vögel, das Rauschen der Bäume.
Öffne Dein Herz für dieses Konzert der Natur.
Das Rascheln im Laub, der Flügelschlag des Vogels.

Nimmst Du es wahr? Hörst Du genau hin?

Hier endet Deine Suche, denn hier bist Du zu Haus.
Ein Ort der Stille, der Platz Deiner Seele.

Wie wohl sie sich fühlt, mit Dir an diesem Ort.
Höre ihr zu, sie flüstert zu Dir.

All Deine Fragen beantwortet sie.
All Deine Ängste zerstreut sie in Dir.
All Deine Liebe gibt sie Dir frei, sie lässt sie fließen im Herzensstrom.

Doch nur im Lauschen kannst Du ihren Botschaften folgen.

Drum gönn Dir die Stille, beschenke Dich reich.

Dann ist er fort…Dein Kummer…und weicht.

Sternenstaub

„Adieu" sagt der Tag und legt sich zur Ruhe.
Es begrüßt Dich der Abend und umhüllt Dich liebevoll.

Seine Röte lädt Dich ein als Gast an seinem Tisch.
Die Gaben sind reich, Du musst sie nur annehmen.

Was Du mitbringen musst?

Nichts, nur dein Herz öffnen und sagen „Ja…Wir, lieber Abend, dieser Tanz gehört uns. Unser Tanz in die Nacht mit all Deinen Kindern. Dort oben, ich sehe sie. Strahlend und funkelnd blicken sie auf mich, all die Sterne der Nacht."

Als Du ein Kind warst, ganz neu auf dieser Welt, in diesem Leben, fühltest Du die Sterne.
Vergangen die Zeit, verschüttet in den Tiefen Deiner Seele.

Doch dieser Tanz heut bricht sie auf Deine Kruste.
Schau hinauf in den Himmel, dessen Kinder die Sterne öffnen ihre Pforten.

Ihr Staub, ein Meer aus strahlendem Licht.
Aus der göttlichen Quelle des Lebens, in dieser Nacht nur für Dich.

Der Staub ist fein, doch er zerbricht Deine Mauern.
Kein Schmerz, kein Widerstand ist mächtig genug ihn aufzuhalten.

Seine heilende Kraft spürst Du schnell. In jeder Faser fühlst Du sie, durchdringt sie Dich, bis Du wieder wahrnimmst wer Du bist.

Ein Wesen des Lichtes, beschützt und geliebt zu allen Zeiten.
Eine Urkraft der Liebe mit göttlichem Funken.

So sei immerfort ein Freund der Nacht, denn sie beschenkt Dich reich.

Wenn ich träume

Wenn ich träume…

dann vergesse ich all die Schatten, die sich aufgetan haben.
Ich spüre und fühle mit all meinen Sinnen.
Ich schmecke das Salz des brausenden Meeres, rieche die Blumen, die mich umgeben.

Wenn ich träume…

dann bin ich der Adler. Stolz und frei schwinge ich mich auf in den Himmel, der Sonne entgegen, dem Licht…meine Heimat, die auf mich wartet.

Wenn ich träume…

ist mein Herz so frei und keine Furcht trage ich in mir.
In des Herzens Schoß lege ich mich, behütet, beschützt, mit Liebe umhüllt.

Wenn ich träume…

ist der Himmel so nah und die Sterne greifbar. Auf den Wolken reite ich, nur ein kurzer Weg scheint es dorthin zu sein.

Wenn ich träume…

spüre ich Dich…wo immer Du sein magst…wer immer Du bist.
Hier wartest Du…schon lange…auf mich.
Dann treffen wir uns und unsere Herzen verschmelzen.
So hüllt er uns ein, der liebende Mantel.

Und ich flüstere Dir zu „Ich liebe Dich".

Der weise Mann Brasiliens

Ich kannte ihn nicht, sitzend auf seinem Stuhl.
Welch Frieden strahlt aus ihm heraus…dem weisen, alten Mann.

In seine Augen schaue ich, seinen Worten lauschend.
Leise spricht er zu den Menschen um sich. So auch zu mir.

Behutsam wählt er seines Herzens Worte.
Es scheint mir die Zeit steht still…in diesem Moment.

Ich schließe meine Augen und der Zeiger der Uhr dreht sich zurück.
Mir öffnet sich die Welt der weisen Propheten vergangener Zeiten.

Dort reiht er sich ein, der weise Mann, mit jedem Wort, das seine Lippen verlässt.

Bedacht spricht er seine Botschaft, bereichert mit Worten aus der Wirklichkeit des Lebens:

„Achtet Euch
  Vertraut Euch
  Vergebt Euch
  Glaubt an Euch
  Liebt Euch."

Mein lieber, mir fremder und doch so vertrauter, weiser Mann.

Ich danke Dir für diesen Moment, für Deine Kraft, Deine Weisheit und jedes Wort.

Sei gesegnet für Dein Geschenk.

Grenzenlos

Grenzen…Halt machen…Hinderung

Wer Mensch hat Dir eingeredet, dass Du Grenzen hast?
Wer gibt Dir diese Beschränkung auf?

Bist Du es nicht, der das tut? Das Leben selbst ist es nicht.

Es ist grenzenlos, dazu bestimmt immer weiter voranzuschreiten auf seinem Weg des grenzenlosen Lebens.

So gehe in Dich und erforsche den Grund Deines beschränkten Denkens und Handelns. Nur in den Tiefen Deiner selbst kannst Du erfahren was Dich hält und Dich zögern lässt, grenzenlos zu leben.

Verschließe die Ohren vor den mahnenden Stimmen Deines Umfeldes, der Menschen, die Dich stoppen und in Deiner Angst halten wollen.

Höre nicht auf die Botschaften Deiner Vergangenheit.
Nichts kann sie Dir Neues verraten als das, was Du schon lange weißt.

Lass es nicht zu Mensch! Erspüre Dein wunderbares Wesen, Deine Grenzenlosigkeit und sprenge die Ketten.

Schnell wirst Du den Lohn erhalten und Du wirst fühlen, was es heißt ohne Angst und Grenzen zu leben…im Hier und Jetzt.

Lege sie ab, die Fesseln der Knechtschaft,
entfalte Dich und breite die Flügel des Lebens aus.

Hin zu einem grenzenlosen Sein.

Kind des Lichtes

Eingezogen bist Du und machst Dich bereit, für den Tag Deiner Ankunft hier auf Erden.

Wohlbehütet im Bauch Deiner Mutter wächst Du heran.
Jeden Tag, jede Sekunde nimmst Du an Schönheit und Stärke zu
…du Kind des Lichtes.

Erwartet wirst Du seit Langem, ersehnt von ihr, erhofft von ihr.

Unter ihrem Herz trägt sie Dich bereits,
in Gedanken erschienen bist Du so oft bei ihr.

Doch Du bestimmst den Zeitpunkt Deiner Ankunft.
Jetzt, da die Zeit da ist und das Leben neu beginnen will, neu erwachen will in Dir…Du Kind des Lichtes.

Dein Herz öffnet sich weit, Deine Flügel breitest Du aus und fliegst ihr entgegen, der Mutter Deiner Liebe.
Sie wartet auf Dich, sie streckt ihre Arme aus und wird Dich liebevoll empfangen…Du Kind des Lichtes.

Eure Seelen sind verbunden, seit langer Zeit, seit vielen Leben.
Ihr spürt Euch, Ihr erkennt Euch, ohne Worte, nur durch die Kraft Eurer Liebe.
Sie weiß um ihr Kind…ihr Kind des Lichtes.

So mach Dich bereit für dieses Leben, erfülle die Welt mit Liebe und Zuversicht.
Sei der Botschafter des Himmels, für sie und für die Menschen um Euch.

Nimm Deine Aufgabe an und lass die Menschheit teilhaben an Deinem Strahlen.

Du – Kind des Lichtes

Meine Hoffnung, meine Liebe, mein Freund

Ich habe Dich nie gesehen – auf Fotos ja, in Filmen manchmal…doch nah warst Du mir nie.
Ich habe Dich nicht gespürt – nicht einen Hauch von Dir.
Ich habe nie nach Dir gefragt – wer Du wirklich bist, woher Du kommst.
Ich hatte nichts für Dich übrig – Du warst mir fremd und weit entfernt.

Ein Schauspieler in weißem Gewand, dort…auf der Leinwand.
In Filmen sah ich Dich und nichts regte sich in mir.

Ich habe gelitten, ich habe gekämpft, ich habe geweint…mein ganzes Leben lang.
Die Zeit der Weihnacht im Jahre 2014, die Zeit des Wandels…zu Dir.

Plötzlich spürte ich Dich, den Himmel um Dich, Deine Güte, Deine Liebe …für mich.
Du zeigtest mir das Licht an einem schönen Tag. Ich sah die Farben, die Sonne so weiß.

Mein Blick kam nicht los von diesem Schauspiel des Himmels.
Ein Frieden zog in mich für diesen Augenblick.

Ein Gefühl der Liebe und Güte übermannte meinen Geist.
Nein, sehen konnte ich Dich nicht, doch gespürt habe ich Dich.

Tief in meinem Herz und die Tränen liefen über mein Gesicht.
Wie schön, wie wundervoll…mein Freund, mein Lehrer.
So nehme ich Dich auf und schenke Dir den schönsten Platz in mir, mein Herz.
Dort treffe ich Dich, dort darf ich bei Dir sein und lernen von Dir.

Lehre mich das Leben, leite mich an und lass mich steigen
Hoch in den Himmel, nah bei Dir.

Meine Liebe, meine Hoffnung, mein Freund.

Die Menschen

Als die Menschen aufgehört haben zu kämpfen...
zog der Frieden in die Welt ein.

Als die Menschen aufgehört haben sich größer zu sehen als die anderen...
durften sie sich auf Augenhöhe begegnen.

Als die Menschen aufgehört haben andere mit ihrer Wut treffen zu wollen
...erkannten sie ihren eigenen Schmerz und wurden demütig.

Als die Menschen tief in sich selbst blickten...
fanden sie die Weisheit des Lebens.

Als ich diese Zeilen niederschrieb...
wünschte ich mir dabei sein zu dürfen und ein Teil von uns allen zu sein.

Wenn...ja wenn...all das passieren mag.

Erinnerungen an Dich

Als ich ganz neu auf dieser Welt ankam, warst Du vom ersten Tag an bei mir.
So lang ist es schon her und doch…erinnere ich mich als wenn es gestern wäre.

Du warst mein Anker, mein Fels der mir Kraft gab.
Du warst so gütig und umhülltest mich mit Deiner ganzen Liebe.

Wie gern habe ich mich an Deine Brust angelehnt, wenn das Wetter stürmisch wurde und die See peitschte.
Es brauchte nur eines Blickes von mir, Deine Arme wurden weit und Du nahmst mich auf…ohne ein Wort…ohne Fragen…nur mit Deinem Herz.

Du hast mich zur Ordnung gerufen, wenn mein kindliches Gemüt rastlos und wütend durch die Welt marschierte.
Doch nie hast Du mich verletzt, selbst Deine Strenge war in einen Kokon aus Liebe gehüllt.

Als ich älter wurde und die Fragen unbequemer aus mir peitschten, hast Du mich nie verurteilt.

Noch als Teenager durfte ich nah bei Dir sein, immer zu jeder Zeit in Deiner Nähe und mit dem Finger im Kuchenteig rühren.

Als ich auszog, brach es Dir fast das Herz. Du wolltest mich nicht gehen lassen und ich spürte deine Traurigkeit so sehr.

Doch immer war ich bei Dir, jede Gelegenheit nahm ich war, Dir nahe zu sein. Auch wenn die Augenblicke kurz waren, so wohl fühlte ich mich bei Dir.

Als Deine Lebenskraft zu Ende ging…wusste ich nicht wohin mit meinen Tränen. Ich hielt noch Deine Hand am Tag zuvor bis Du…ja…bis Du dann gegangen bist.

Doch Du bist nicht fort von mir.
Du lebst weiter um mich und hast Deinen Platz tief in mir.
Dieser Platz ist auf ewig dein, der Platz in meinem Herz.

Meine über alles geliebte Oma,
ich liebe und vermisse Dich, heute mehr als je zuvor.
Hab Dank für jeden Moment, jede Sekunde Deines Seins.

Wir werden uns wiedersehen… wenn die Zeit gekommen ist.

Wie oft

Wie oft?
Wünschen wir uns die Zeit zurückzudrehen…
und vergessen dabei im „Hier und Jetzt" zu leben und den Augenblick zu genießen.

Wie oft?
Verurteilen wir uns für unser Verhalten, unseren Charakter…
und vergessen doch, dass wir einzigartig und gut sind, so wie wir sind auf dieser Welt.

Wie oft?
Hassen wir diejenigen, die uns Schmerz bereitet haben…
und vergessen dabei, dass wir den Schmerz selbst in uns erzeugen und er ein Zeichen ist in uns die Wahrheit zu suchen.

Wie oft?
Meinen wir zu lieben…
und sehen nicht, dass wir selbst uns diese Liebe geben müssen, damit wir von Herzen den anderen lieben können.

Wie oft?
Handeln wir, weil andere es von uns erwarten…
und vergessen doch auf unser Herz zu hören und den eigenen Weg zu gehen.

Wie oft?
Erkennen wir nicht die Sonne am Himmel…
und folgen lieber den Wolken, die den Himmel verdunkeln.

Mensch…
es wird Zeit aufzuhören und im Einklang mit dem Rhythmus des Lebens zu fließen. Die Antworten auf alle Fragen findest Du allein in Dir.

Die Liebe

Manchmal stelle ich die Frage nach der Liebe.
Was sie ist, wie sie sich anfühlt, wie sie schmeckt und wie sie verzaubern kann.

Ich frage danach, weil ich oft nicht mehr weiß, wie es ist…zu lieben.
Ein Engel hört mich und er lächelt mich an.
Voller Zärtlichkeit streichelt er mich und antwortet mir:

„Du fragst Dich all diese Dinge Du göttliches Wesen?
All das scheinst Du vergessen zu haben. So höre mir zu, wenn ich zu Dir spreche.

Die Liebe ist das wohlige Gefühl, das Deinen Körper umhüllt.
Sie erfasst Dein Herz und macht es weich und zart.

Die Liebe ist der Regentropfen, der Deine Haut berührt.
Sie ist die Hand, die Dich zärtlich fasst und Dir zuflüstert:
„Ergreife sie und halte dran fest".

Die Liebe ist die Wärme in jeder Faser Deines Seins.
Sie ist der Schleier der Geborgenheit, den Du tragen kannst, wenn Dir die Kälte zu nahe kommt und Du die Wärme brauchst in diesem Leben.

Die Liebe ist der Kokon aus Licht und Schutz,
der Dich begleitet und Dir Kraft und Vertrauen schenkt in Deinem Leben.

Es ist der zärtliche Blick des anderen, den Deine Augen erfassen und Du dich verlieren kannst.

Die Liebe ist die stärkste Kraft, die Dich führt und beschützt, auf jedem Weg den Du gehst und Dir das Vertrauen gibt für jeden Schritt.

Erinnere Dich daran und Du wirst fühlen, was die Liebe ist, mein Kind".

Berg des Lebens

Manchmal stelle ich mir das Leben wie einen Berg vor, den es zu erklimmen gilt.

Wenn wir auf diese Welt kommen, stehen wir ganz am Anfang unseres neuen Lebens.
Wir wissen noch nicht was vor uns liegt, um den Gipfel, dort wo die Freiheit und das Licht zu Hause sind, erreichen zu können.

Zu Beginn als Kind sind wir sehr schnell mit unseren Schritten. Urplötzlich erscheinen die ersten Steine des Weges, die Aufgaben sind noch klein.

Aus den Steinen erwachsen Felsen und Wände. Wir stoppen, weichen zurück, sammeln Kraft und zerschlagen manche von ihnen.

Andere Felsen erscheinen immer wieder, bis wir gelernt haben sie aus dem Weg zu räumen.

Unser Weg erfordert Geduld, Kraft und sehr viel Mut.

Im Laufe des Lebens lernen wir die größte Macht in uns zu entdecken. Es ist die Kraft der Liebe, die tief in uns wirkt und jeden unserer Schritte lenken kann.

Mit der Liebe erfahren wir das höchste Glück der Welt.
Sie leitet uns liebevoll zum Gipfel des Berges.

Dort angekommen dürfen wir uns ausruhen von unserem Weg und stolz sein auf das, was wir erreicht haben.

Bis wir erneut am Anfang eines neuen Weges, eines weiteren Lebens stehen, um einen neuen Berg zu besteigen.

Der Adler

Frühlingserwachen, langsam legt sich der Winter zur Ruh.
Die ersten Strahlen der Sonne finden ihren Weg durch die Wolken und wärmen mein Gesicht. Jetzt…in der Frühe des Tages der neu erwacht.

In mir ruhend und still genieße ich den Anblick und die Wärme, die sich langsam in meinem Körper verteilt.
Ich beobachte die Wolken, wie sie ruhig an mir vorbeiziehen und mir ein Schauspiel der Gleichmäßigkeit und des Friedens schenken.

Dann sehe ich ihn…weit entfernt noch und hoch am Himmel kreisend.
Seine Flügel vor der Sonne Licht werfen ihre ersten Schatten auf die Erde.

Erhaben…stolz…grazil mit wachem Blick…so scheint mir…fliegt er mir entgegen.
Ich frage mich…bin ich sein Ziel? Hält er Ausschau nach mir?

Seine Flügelschläge werden kräftiger und doch strahlt seine Sanftmut.
Des Adlers Schläge durchdringen die frische Morgenluft und ich spüre seine Kraft und seine Entschlossenheit.

Nun ist er da…über meinem Haupt und zieht stolz seine Kreise.
Er lässt sich nieder…nur unweit von mir entfernt.
Ich schließe meine Augen und erspüre seine Kraft.
Er spricht zu mir. Seine klaren, weisen Worte durchdringen mein Herz…jetzt…in diesem Augenblick.

„Du lieber Mensch,
frage Dich nicht warum ich bei Dir bin.
Öffne Deine Ohren und öffne die Tür zu Deinem Herz.
Du magst Dich fragen wer mich schickt.
Du magst Dich fragen woher ich komme.

Aus den Höhen des Himmels wurde ich zu Dir gesandt.
Mit einer Botschaft für Dein Leben hier auf Mutter Erde.

Gehe weiter auf Deinem Weg und lass Dich nicht stoppen.
Auch Du besitzt die Flügel des Lebens, die Dich steigen lassen hoch in die Lüfte des Himmels.

Dort bist Du zu Hause, von dort bist Du gekommen und nach dort wirst Du wieder gehen.

Doch bis dahin Mensch ist es noch Zeit.
Dein Ziel liegt vor Dir, nicht weit entfernt bist Du davon.

So mach Dich auf, mit klarem Blick und folge dem Ruf Deines Herzens.
Schwing Dich hinauf zu den Sternen und ziehe deine Kreise am Firmament.

Lasse andere teilhaben an Deiner Kraft, Deinem Himmelsflug und erfülle sie mit Deinem Licht, Deiner Weisheit und Deiner Liebe.

Sei ein Botschafter der Liebe, sei kräftig mit Deinen Flügeln und halte Dich auf Kurs.

Erwehre Dich gegen die Dunkelheit und fliege der Sonne entgegen.
Deine Flügel tragen Dich.
So vertraue Deiner Kraft, die sich in Dir zeigt und sich entfalten will.

Du bist der Botschafter…Du bist der Vogel des Lichtes…

Du…bist Liebe.

Jemals

Hast Du jemals den Mond wahrgenommen, sein gedämpftes Licht gespürt, welches er Dir vom Abendhimmel schenkt?

Hast Du jemals die Sterne am Firmament gesehen, ihre Wege am Himmel verfolgt, den Glanz ihres Seins erkannt?

Hast Du jemals den Geruch der Erde erlebt?
Hast Du ihre Gaben mit Deinen Sinnen erfühlt, ertastet, Dich an ihnen gelabt und sie genossen?

Hast Du jemals deine Tränen in den Sand des Lebens tropfen sehen, hast Du das Rinnsal vor Dir verfolgt und warst dankbar für das Öffnen Deiner inneren Herzenspforten, die Dir Deine tiefen Gefühle zeigen wollten?

Hast Du jemals die Stimme Deiner Seele vernommen, wie sie Dich ruft in der Stille, wie sie so lang schon an Deine Tür pocht und um Einlass bittet?

Hast Du jemals die Tore Deines Herzens geöffnet und all Deine Liebe der Welt dort draußen geschenkt, ohne auch nur den Hauch von Erwartungen in Dir zu spüren, ohne Zögern, ohne Zweifel an der Wahrheit Deines Herzens?

Wenn Du das nie getan hast, wenn Du das niemals erlebt hast, so frage Dich Mensch:
Hast Du wahrhaft dieses Leben gelebt und hast Du jemals wahrhaft geliebt?

Doch wenn Du verneinst, so richte nicht über Dich.
Erhebe Dein Haupt, entscheide Dich neu und strebe der Wahrheit entgegen.

Dann ist „Jemals" auf ewig vergangen, denn das „Jetzt" hat seinen Platz eingenommen.

Samenkorn

Manchmal stelle ich mir vor, ein Samenkorn zu sein.

Auf diese Welt gefallen bin ich und habe mich tief in die Erde vergraben.
Dort ruhe ich mich aus, sammle Kraft für das Leben, welches vor mir liegt.

Gespannt spüre ich das Leben schon über mir. Laut ist es, unruhig manchmal, Lachen und Weinen nehme ich wahr.

Eine Zeit lang überlege ich zu wachsen, zu gedeihen oder lieber hier in der Erde zu verweilen.
Wartend auf den richtigen Moment zu sprießen und mich kraftvoll aufzurichten.

Immer wieder weckt mich das Wasser des Lebens auf, ergießt sich auf mir und will mich nach oben locken…dem Licht entgegen.

Ich schmecke dieses Lebenswasser und eine Stimme flüstert zu mir: „Es wird Zeit für Dich".

Noch einen kleinen Moment, ein Wimpernschlag lang überlege ich zu sprießen.

Dann….ist die Zeit gekommen. Kraftvoll strecke ich mich und suche meinen Weg nach oben.

Als ich die Erde durchstoße, spüre ich die Sonne, die mir Energie und Licht schenkt.

Die Zeit ist gekommen, die Zeit des Wachstums, der Entfaltung, die Zeit das Leben zu leben.

Von nun an beginnt meine Reise,
die Wurzeln werden kräftiger, Blätter sprießen und vergehen.
Manchmal werde ich zertreten, doch nie werde ich zerstört.
Manchmal finden sich Gärtner, die mich hegen und pflegen.

Oft sind es meine eigenen Wurzeln, die mir Kraft geben, um mich wieder aufzurichten.

Am Ende ist meine Blüte aufgegangen und erstrahlt auf dem Feld der Weisheit.

Zufrieden blicke ich zurück auf die Zeit hier, auf die Zeit meines Lebens.

Ruhig und dankbar nehme ich Abschied, ruhe mich aus um….ja…um ein nächstes Mal wiederzukommen auf diese Erde.

Ich bin dankbar, ein Samenkorn zu sein.

Blätterflug

Die Blätter der Bäume, „Freund Wind" trägt sie fort.
Hin an einen anderen Ort.

Manchmal mit leichter Brise, oftmals durch stürmische Böen.
Doch immerfort nur auf in die Himmelshöhen.

Ein stetiger Wechsel im Rhythmus der Zeit.
So fühl ich auch mich und mach mich bereit.

Loszufliegen an einen anderen Ort.
Dies soll es nun sein, hier ist nun mein Hort.
Dem Ruf zu folgen, dem stetigen Wandel.
Um Neues zu sehen, mehr Neues zu fühlen.
Mich einzulassen auf all diese Lebensmühlen.

So mach ich mich auf für den nächsten Flug.
Dort soll ich nun sein. Dieser Lebensort ist nun klug.

Wie lang ich verweile, nun das kann ich nicht sagen.
Mutter Natur, meine Stimme im Innern, wird es mich fragen.

Wenn die Zeit wieder reif ist, wenn das Leben mich ruft.
Dann starte ich erneut…den Blätterflug.

Danke

Viele wunderbare Menschen sind in meinen Lebenszug eingestiegen. Nicht jeder setzt die Fahrt mit mir fort. Manche verlassen ihn, andere sitzen weiter in meinem Abteil und ich freue mich über jede Haltestelle des Lebens, wo es neue Begegnungen gibt. Es ist Zeit von Herzen DANKE an einige sehr besondere Menschen zu sagen:

Meine lieben Kinder Christin und André
Kerstin (Floh) und Stefan
André, mein bester Freund
Karla in Brasilien
Silvia in der Schweiz
Dani
Mara

Mein Buch wäre aber niemals ohne diese Menschen entstanden:

Kerstin, Du hast mich bereits zu Beginn meiner ersten Texte ermuntert weiterzuschreiben und einmal meine Geschichten anderen anzubieten. Ich danke Dir für Dein Vertrauen und Deine Freundschaft.

Svenja, Du hast mich zu vielen Texten sehr inspiriert und ich danke Dir für alles, was wir gemeinsam erleben durften.

Gabi, Deine ersten Empfindungen zu meinen Texten haben mich bestärkt und gerade in Zeiten des Zweifels immer wieder aufgestellt. Vielen Dank für Deine kraftvollen Worte.

Dajana und Jens, ohne Eure Kreativität, Gestaltungsarbeit und technische Hilfe wäre dieses Buch so nie entstanden. Allein hätte ich es nicht geschafft. Herzlichen Dank für Eure Unterstützung.